mi mini biografía

Selena Quintanilla-Pérez

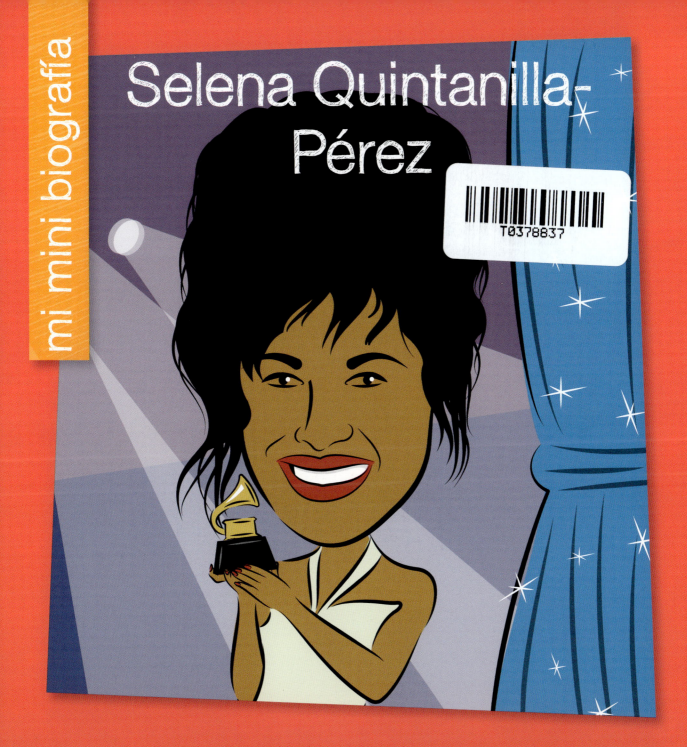

Publicado en los Estados Unidos de América por Cherry Lake Publishing
Ann Arbor, Michigan
www.cherrylakepublishing.com

Asesora de lectura: Marla Conn MS, Ed., Read-Ability, Inc.
Ilustrador: Jeff Bane
Traducción por Editec Soluciones Editoriales

Créditos de las fotos: ©sevenMaps7/Shutterstock, 5; ©Lara Gonçalves/flickr, 7; ©hellboy_93/flickr, 9, 11, 13, 17, 21, 22; ©Kathy Hutchins/Shutterstock,15, 23; ©David Pillow/Dreamstime, 19; Jeff Bane, cover, 1, 6, 10, 14; Todos los marcos de las imágenes, Shutterstock Images

Copyright © 2026 por Cherry Lake Publishing
Todos los derechos reservados. Ninguna parte de este libro se puede reproducir de modo alguno sin el consentimiento expreso por escrito del editor.

La información del catálogo de publicación de la Biblioteca del Congreso ha sido presentada y está disponible en catalog.loc.gov.

Impreso en los Estados Unidos de América

contenido

Mi historia 4

Línea de tiempo 22

Glosario 24

Índice 24

Sobre la autora: Katlin Sarantou creció en los maizales de Ohio. Le gusta leer y soñar con lugares lejanos.

Sobre el ilustrador: Jeff Bane y sus dos socios son dueños de un estudio cerca del río de los Americanos en Folsom, California, que es donde se originó la fiebre del oro de 1849. Cuando Jeff no está dibujando o ilustrando, está nadando o navegando en kayak por el río para relajarse.

mi historia

Nací en Texas el 16 de abril de 1971.

Mi familia tiene raíces **hispanas**.

¿De dónde es tu familia?

Mi hermano, mi hermana y yo formamos una banda. Yo solo tenía 10 años.

Nos llamábamos Selena y Los Dinos.

¿Cómo llamarías a tu banda?

Viajamos. Tocábamos donde podíamos.

A veces no teníamos suficiente dinero para comer. Pero eso no nos detuvo.

Cantaba música **tejana**. La hice popular en la música *mainstream*.

Algunas personas no creían que pudiera tener éxito. Les demostré que estaban equivocadas.

Gané premios. Fui **Vocalista** Femenina del Año.

¿Cómo puedes mejorar el mundo?

Gané un **Grammy** en 1993.

Hice un aporte a mi comunidad.

Ayudé a las **minorías** a que persiguieran sus sueños.

Morí joven. Pero mi obra sigue viva.

Mi álbum estuvo en las **listas de Billboard**.

Fui la primera artista latina en lograrlo.

Algunos me llaman la reina de la música tejana.

Aún hoy soy una **influencia** en la música.

¿Qué te gustaría preguntarme?

Línea de tiempo

1987

1970

Nació en 1971

Murió en 1995

1993

2070

glosario & índice

glosario

Grammy un premio importante en la industria musical

hispano procedente de un país donde se habla español

influencia tener un efecto en alguien o algo

listas de Billboard listas de la revista Billboard que clasifican los álbumes musicales más populares en Estados Unidos

mainstream considerado normal o típico

minorías personas de una raza que viven entre un grupo más amplio de una raza diferente

tejana música que combina elementos de la cultura mexicana y estadounidense

vocalista un cantante

índice

banda, 6-7

Grammy, 14

hispano, 4

latino, 18
listas de Billboard, 18

minorías, 16
música, 10, 20

premios, 14

Selena y Los Dinos, 6

tejana, 10, 20
Texas, 4

Vocalista Femenina del Año, 12